school - škola	2
travel - putovanje	5
transport - transport	8
city - grad	10
landscape - krajolik	14
restaurant - restoran	17
supermarket - supermarket	20
drinks - napitci	22
food - jelo	23
farm - seosko gazdinstvo	27
house - kuća	31
living room - dnevna soba	33
kitchen - kuhinja	35
bathroom - kupaonica	38
child's room - dječija soba	42
clothing - odjeća	44
office - ured	49
economy - gospodarstvo	51
occupations - zanimanja	53
tools - alati	56
musical instruments - glazbeni instrument	57
zoo - zoološki vrt	59
sports - šport	62
activities - aktivnosti	63
family - obitelj	67
body - tijelo	68
hospital - bolnica	72
emergency - hitni slučaj	76
Earth - zemlja	77
clock - sat	79
week - tjedan	80
year - godina	81
shapes - oblici	83
colours - boje	84
opposites - suprotnosti	85
numbers - brojevi	88
languages - jezici	90
who / what / how - tko / što / kako	91
where - gdje	92

AF198991

Impressum
Verlag: BABADADA GmbH, Nedderfeld 112 , 22529 Hamburg
Geschäftsführer / Verlagsleitung: Harald Hof
Druck: Books on Demand GmbH, In de Tarpen 42, 22848 Norderstedt

Imprint
Publisher: BABADADA GmbH, Nedderfeld 112 , 22529 Hamburg, Germany
Managing Director / Publishing direction: Harald Hof
Print: Books on Demand GmbH, In de Tarpen 42, 22848 Norderstedt

school
škola

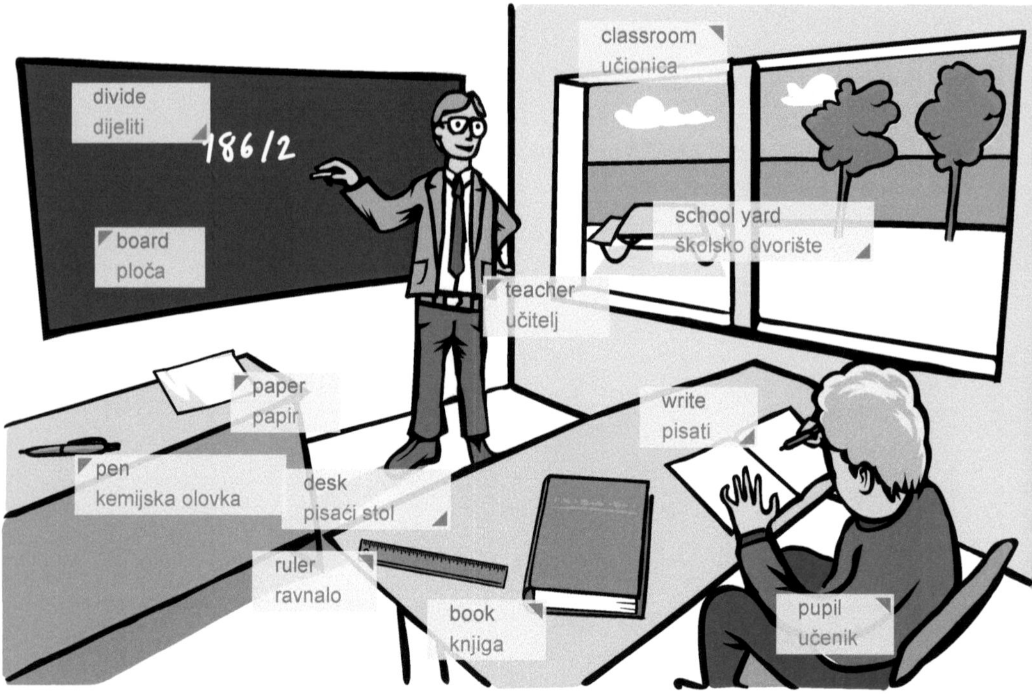
classroom
učionica
divide
dijeliti
186/2
board
ploča
school yard
školsko dvorište
teacher
učitelj
paper
papir
write
pisati
pen
kemijska olovka
desk
pisaći stol
ruler
ravnalo
book
knjiga
pupil
učenik

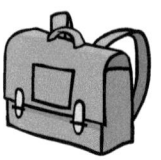

satchel

torba

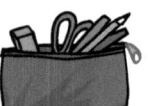

pencil case

pernica

pencil

grafitna olovka

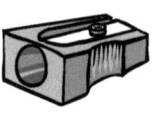

pencil sharpener

šiljilo za olovke

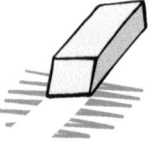

rubber

gumica za brisanje

drawing pad

blok za crtanje

drawing

crtež

paintbrush

kist

paint box

kutija s bojama

scissors

makaze

glue

ljepilo

exercise book

bilježnica

homework

domaći zadatak

number

broj

add

sabirati

subtract

oduzimati

multiply

množiti

calculate

računati

letter

slovo

alphabet

abeceda

word

riječ

text

tekst

read

čitati

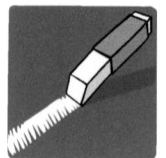

chalk

kreda

lesson

sat

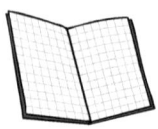

register

dnevnik

exam

ispit

certificate

svjedodžba

school uniform

školska uniforma

education

obrazovanje

encyclopedia

leksikon

university

sveučilište

microscope

mikroskop

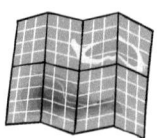

map

karta

waste-paper basket

košara za papir

travel
putovanje

hotel
hotel
Grand
hostel
prenoćište
ROOMS
EXCHANGE
bureau de change
mjenjačnica
car
auto

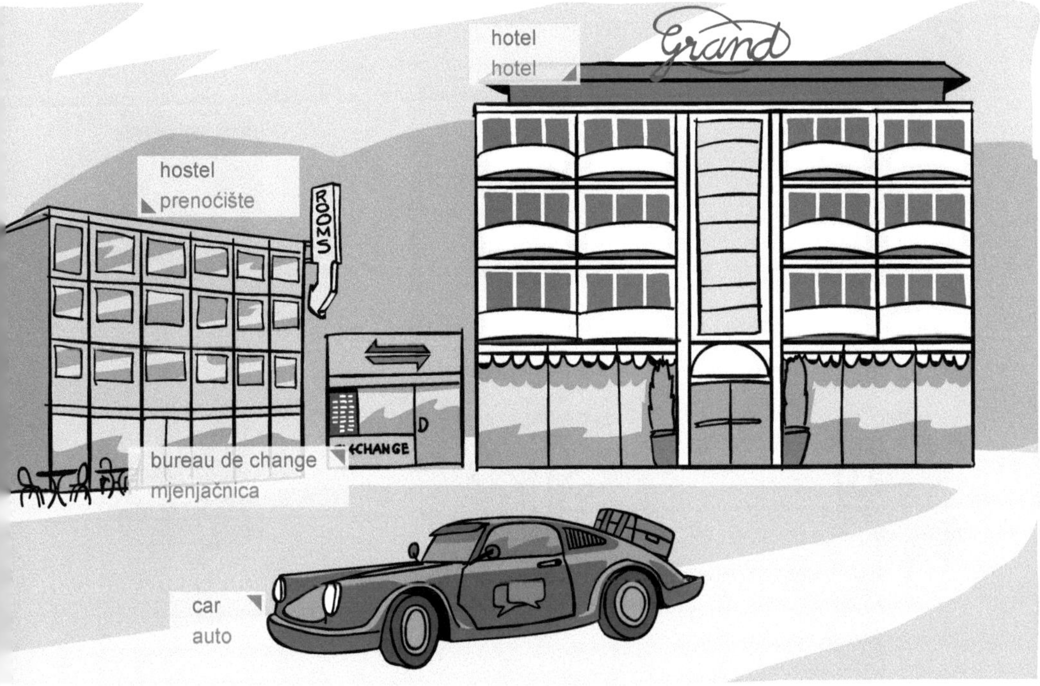

language
jezik

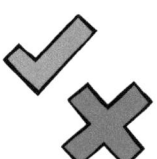

yes / no
da / ne

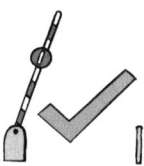

Okay
okay

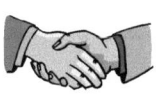

hello
zdravo

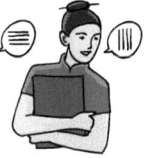

translator
prevoditelj

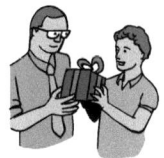

Thank you
hvala

how much is...?

Koliko košta...?

I do not understand

ne razumijem

problem

problem

Good evening!

dobro veče!

Good morning!

Dobro jutro!

Good night!

Laku noć!

bye bye

doviđenja

direction

smjer

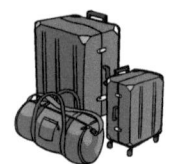

luggage

prtljaga

bag

torba

backpack

ruksak

guest

gost

room

soba

sleeping bag

vreća za spavanje

tent

šator

tourist information

turističke informacije

beach

plaža

credit card

kreditna kartica

breakfast

doručak

lunch

ručak

dinner

večera

ticket

karta za vožnju

lift

dizalo

stamp

poštanska markica

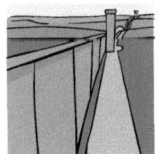

border

granica

customs

carina

embassy

ambasada

visa

viza

passport

putovnica

transport
transport

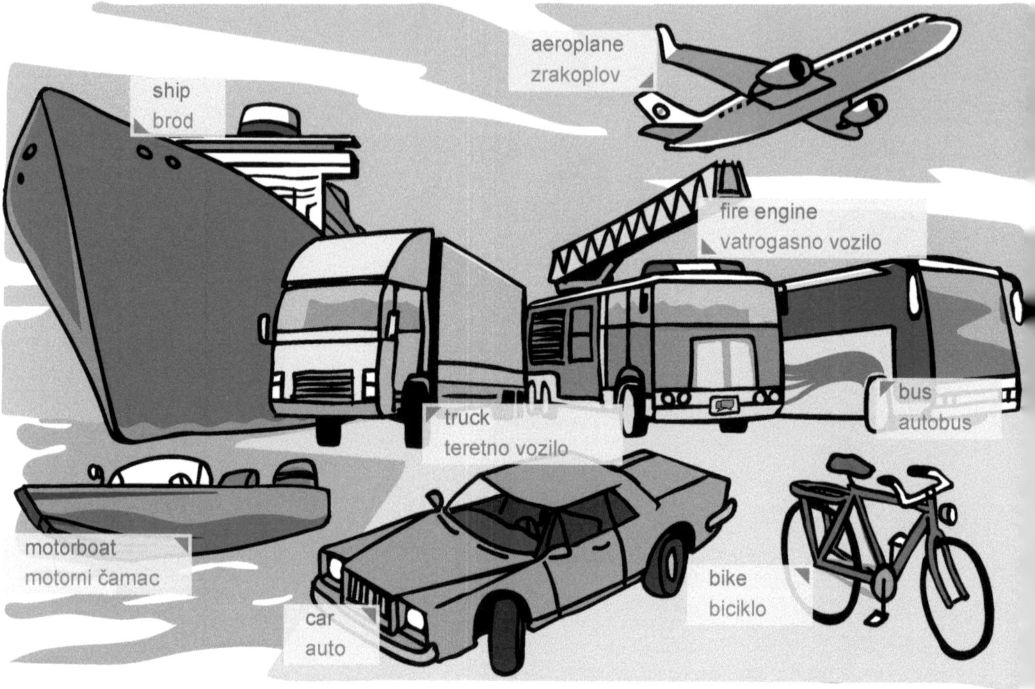
aeroplane
zrakoplov
ship
brod
fire engine
vatrogasno vozilo
truck
teretno vozilo
bus
autobus
motorboat
motorni čamac
bike
biciklo
car
auto

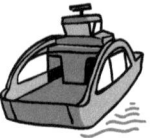

ferry

trajekt

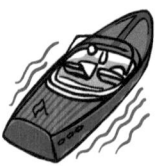

boat

čamac

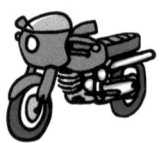

motorbike

motocikl

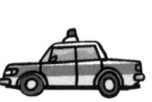

police car

policijski auto

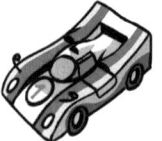

racing car

trkaći auto

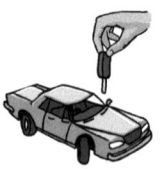

rental car

iznajmljeno auto

car sharing

dijeljenje automobila

breakdown truck

vučno vozilo

refuse truck

vozilo za odvoz smeća

motor

motor

fuel

benzin

petrol station

benzinska postaja

traffic sign

prometni znak

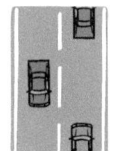

traffic

promet

traffic jam

zastoj

car park

parkiralište

train station

kolodvor

tracks

šine

train

vlak

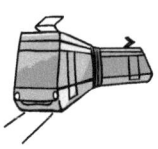

tram

tramvaj

carriage

vagon

helicopter

helikopter

airport

zrakoplovna luka

tower

toranj

passenger

putnik

container

kontejner

carton

karton

cart

kolica

basket

košara

take off / land

uzletjeti / sletjeti

city

grad

village

selo

city centre

centar grada

house

kuća

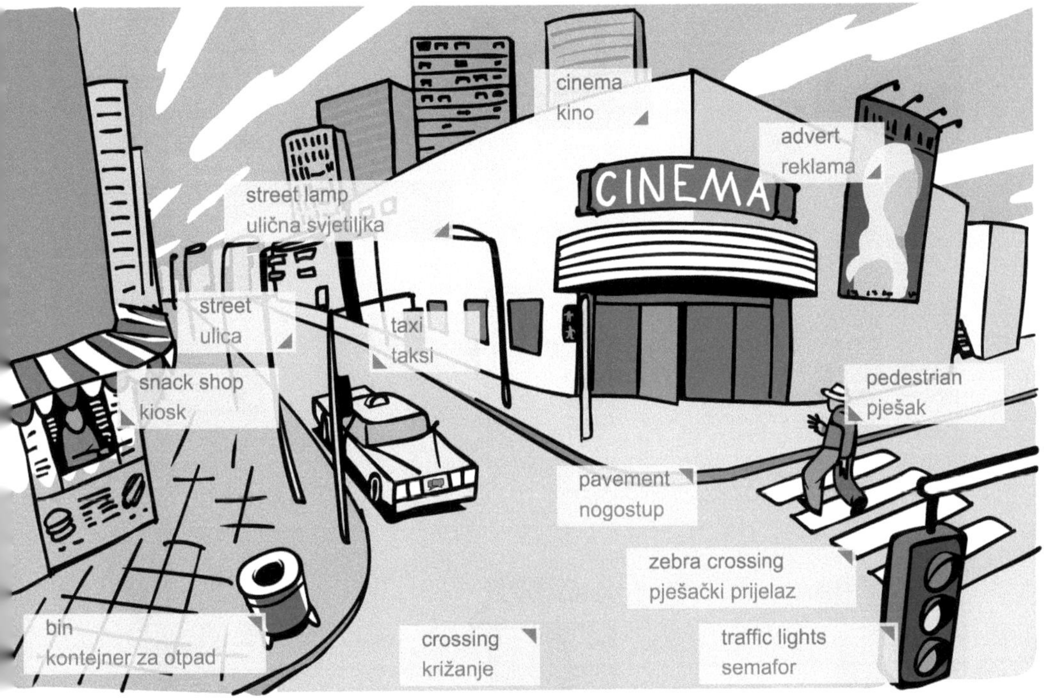

cinema
kino

advert
reklama

street lamp
ulična svjetiljka

street
ulica

taxi
taksi

snack shop
kiosk

pedestrian
pješak

pavement
nogostup

zebra crossing
pješački prijelaz

bin
kontejner za otpad

crossing
križanje

traffic lights
semafor

hut

koliba

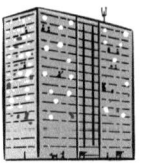

flat

stan

train station

kolodvor

town hall

vijećnica

museum

muzej

school

škola

city - grad

11

university

sveučilište

bank

banka

hospital

bolnica

hotel

hotel

pharmacy

ljekarna

office

ured

book shop

knjižara

shop

prodavaonica

florist's

cvjećara

supermarket

supermarket

market

trg

department store

robna kuća

fishmonger's

ribarnica

shopping centre

trgovački centar

harbour

luka

park

park

bench

klupa

bridge

most

stairs

stepenice

underground

podzemna željeznica

tunnel

tunel

bus stop

autobusna stanica

bar

bar

restaurant

restoran

postbox

poštansko sanduče

street sign

ulični znak

parking meter

parkirni sat

zoo

zoološki vrt

swimming pool

bazen

mosque

džamija

city - grad

farm

seosko gazdinstvo

pollution

zagađenje okoliša

graveyard

groblje

church

crkva

playground

igralište

temple

hram

landscape
krajolik

signpost
putokaz

way
put

meadow
livada

stone
kamen

hiker
šetač

tree
drvo

river
rijeka

grass
trava

flower
cvijet

valley

dolina

hill

planina

lake

jezero

forest

šuma

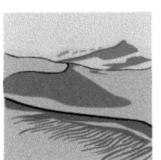

desert

pustinja

volcano

vulkan

castle

dvorac

rainbow

duga

mushroom

gljiva

palm tree

palma

mosquito

moskito

fly

muha

ant

mrav

bee

pčela

spider

pauk

beetle

buba

frog

žaba

squirrel

vjeverica

hedgehog

jež

hare

zec

owl

sova

bird

ptica

swan

labud

boar

divlja svinja

deer

jelen

moose

los

dam

nasip

wind turbine

vjetrenjača

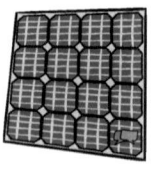

solar panel

solarna ploča

climate

klima

restaurant
restoran

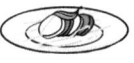

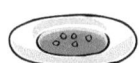

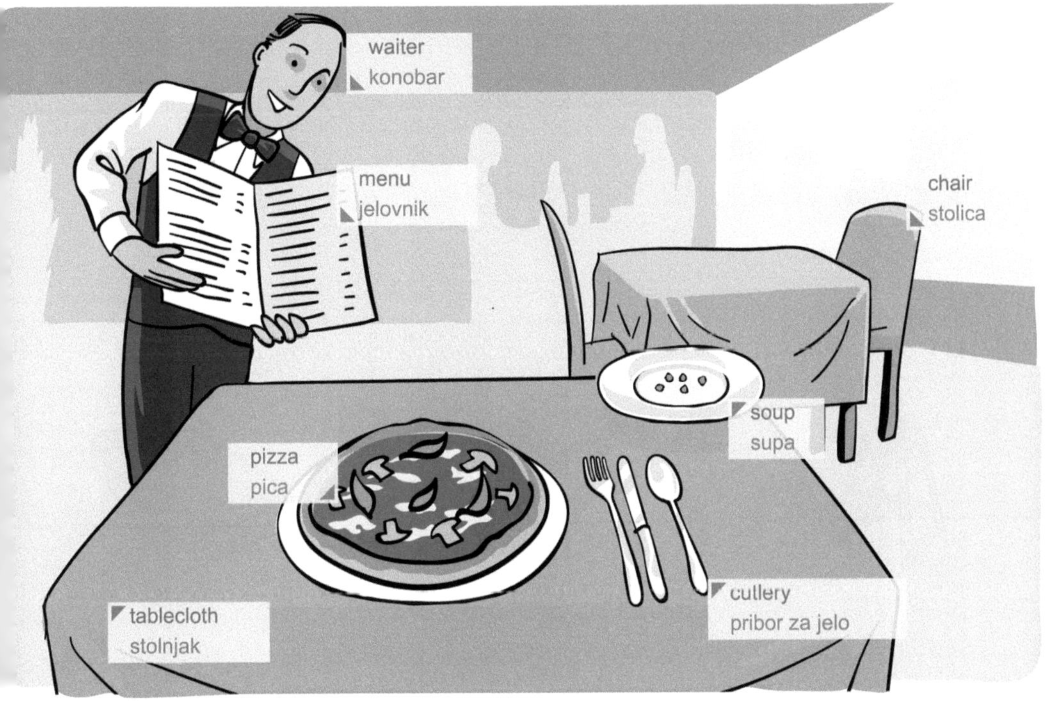
waiter
konobar
menu
jelovnik
chair
stolica
soup
supa
pizza
pica
cullery
pribor za jelo
tablecloth
stolnjak

starter
predjelo

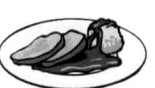

main course
glavno jelo

dessert
desert

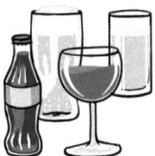

drinks
napitci

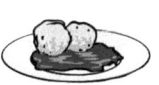

food
jelo

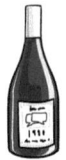

bottle
boca

fast food
fastfood

street food
imbis hrana

teapot
čajnik

sugar bowl
doza za šećer

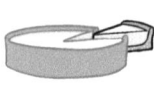

portion
porcija

espresso machine
aparat za espresso

high chair
visoka stolica

bill
račun

tray
pladanj

knife
nož

fork
vilica

spoon
žlica

teaspoon
čajna žlica

serviette
ubrus

glass
čaša

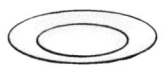

plate

tanjur

soup plate

tanjur za supu

saucer

tanjurić

sauce

sos

salt pot

soljenka

pepper mill

mlin za biber

vinegar

ocat

oil

ulje

spices

začini

ketchup

kečap

mustard

senf

mayonnaise

majoneza

supermarket
supermarket

special offer
ponuda
FOR
customer
kupac
dairy
mliječni proizvodi
fruit
voće
trolley
kolica za kupnju

BUTCHERS

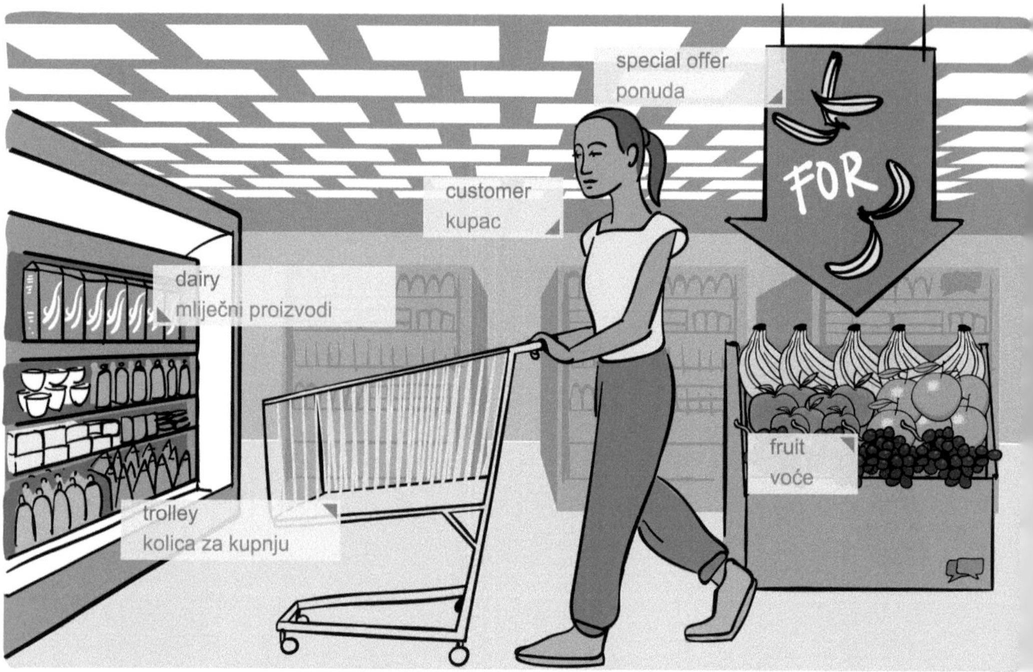

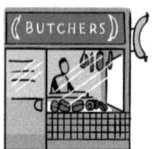

butcher´s

mesnica

BAKERY

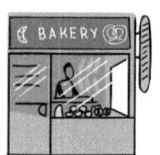

baker´s

pekarnica

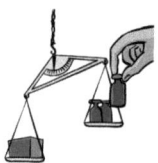

weigh

vagati

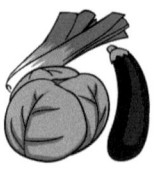

vegetables

povrće

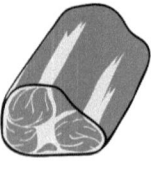

meat

meso

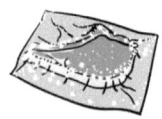

frozen food

duboko smrznuta hrana

cold meat

narezak

tinned food

konzerve

washing powder

sredstvo za pranje

sweets

slatkiši

household products

artikli za domaćinstvo

cleaning products

sredstva za čišćenje

salesperson

prodavačica

till

blagajna

cashier

blagajnik

shopping list

lista za kupnju

opening hours

vrijeme rada

wallet

novčanik

credit card

kreditna kartica

bag

torba

plastic bag

plastična vrećica

water
voda

juice
sok

milk
mlijeko

coke
cola

wine
vino

beer
pivo

alcohol
alkohol

cocoa
kakao

tea
čaj

coffee
kava

espresso
espresso

cappuccino
cappuccino

banana

banana

apple

jabuka

orange

naranča

melon

lubenica

lemon

limun

carrot

mrkva

garlic

češnjak

bamboo

bambus

onion

luk

mushroom

gljiva

nuts

orašasti plodovi

noodles

rezanci

spaghetti

špagete

rice

riža

salad

salata

chips

pomfrit

fried potatoes

pečeni krumpir

pizza

pica

hamburger

hamburger

sandwich

sendvič

cutlet

šnicla

ham

pršut

salami

salama

sausage

kobasica

chicken

kokoš

roast

pečenje

fish

riba

porridge oats

zobene pahuljice

muesli

musli

cornflakes

kukuruzne pahuljice

flour

brašno

croissant

roščić

bread roll

pecivo

bread

kruh

toast

toast

biscuits

keksi

butter

maslac

curd

svježi sir

cake

kolač

egg

jaje

fried egg

jaje na oko

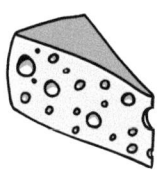

cheese

sir

ice cream

sladoled

sugar

šećer

honey

med

jam

marmelada

chocolate spread

nugat krema

curry

curry

goat	cow	calf
koza	krava	tele

pig	piglet	bull
svinja	prase	bik

goose

guska

duck

patka

chick

pilići

hen

kokoš

cock

pijetao

rat

pacov

cat

mačka

mouse

miš

ox

vol

dog

pas

doghouse

kućica za psa

garden hose

vrtno crijevo

watering can

kanta za polijevanje

scythe

kosa

plough

plug

sickle

srp

hoe

motika

pitchfork

vilica za gnojivo

axe

sjekira

wheelbarrow

tačke

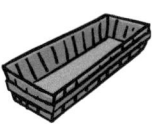

trough

korito

milk can

posuda za mlijeko

sack

vreća

fence

ograda

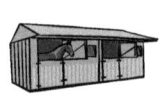

stable

štala

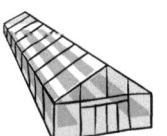

greenhouse

staklenik

soil

zemlja

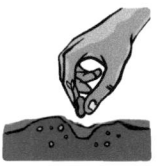

seed

sjeme

fertilizer

gnojivo

combine harvester

kombajn

farm - seosko gazdinstvo

harvest

žanjati

harvest

žetva

yams

yams začin

wheat

pšenica

soy

soja

potato

krumpir

corn

kukuruz

rapeseed

uljana repica

fruit tree

voćka

cassava

gomolj manioke

cereals

žitarice

house
kuća

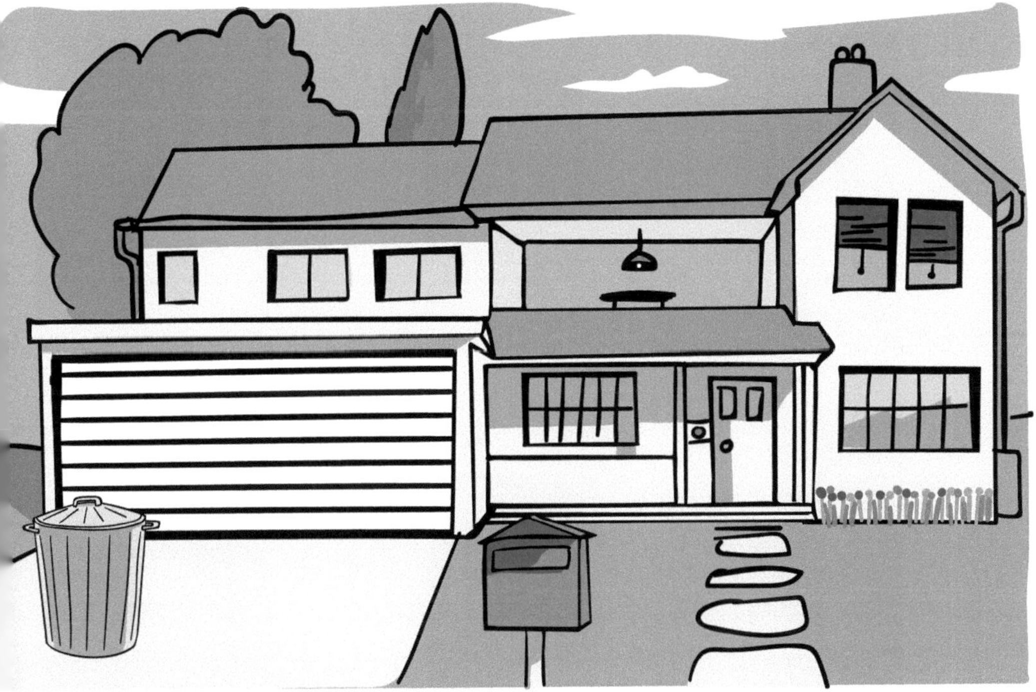

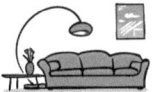

living room
dnevna soba

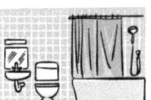

bathroom
kupaonica

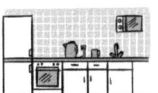

kitchen
kuhinja

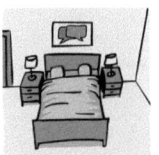

bedroom
spavaća soba

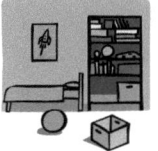

child's room
dječija soba

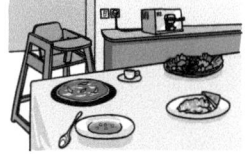

dining room
trpezarija

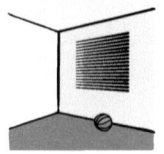

floor

pod

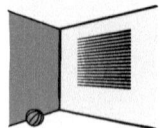

wall

zid

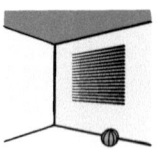

ceiling

strop

cellar

podrum

sauna

sauna

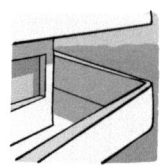

balcony

balkon

terrace

terasa

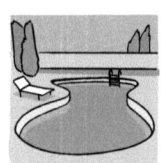

pool

bazen

lawn mower

kosilica za travu

sheet

posteljina za krevet

bedspread

deka za krevet

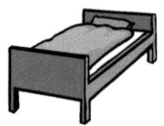

bed

krevet

broom

metla

bucket

kanta

switch

sklopka

living room
dnevna soba

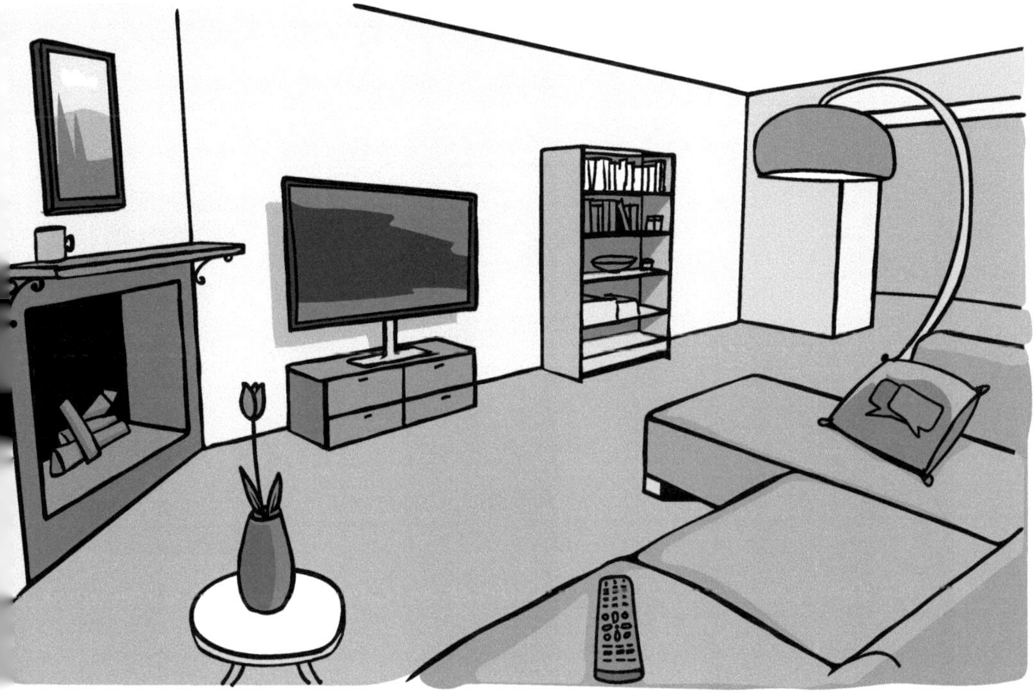

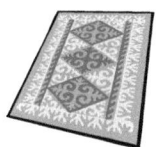

carpet

tepih

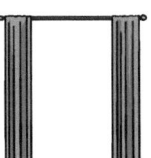

curtain

zavjesa

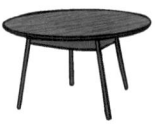

table

stol

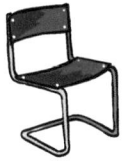

chair

stolica

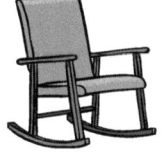

rocking chair

stolica za njihanje

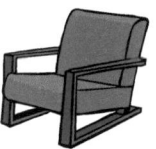

armchair

fotelja

book

knjiga

blanket

deka

decoration

dekoracija

firewood

drvo za ogrjev

film

film

hi-fi equipment

stereo uređaj

key

ključ

newspaper

novine

painting

slika na platnu

poster

poster

radio

radio

notepad

blok za pisanje

hoover

usisavač

cactus

kaktus

candle

svijeća

kitchen
kuhinja

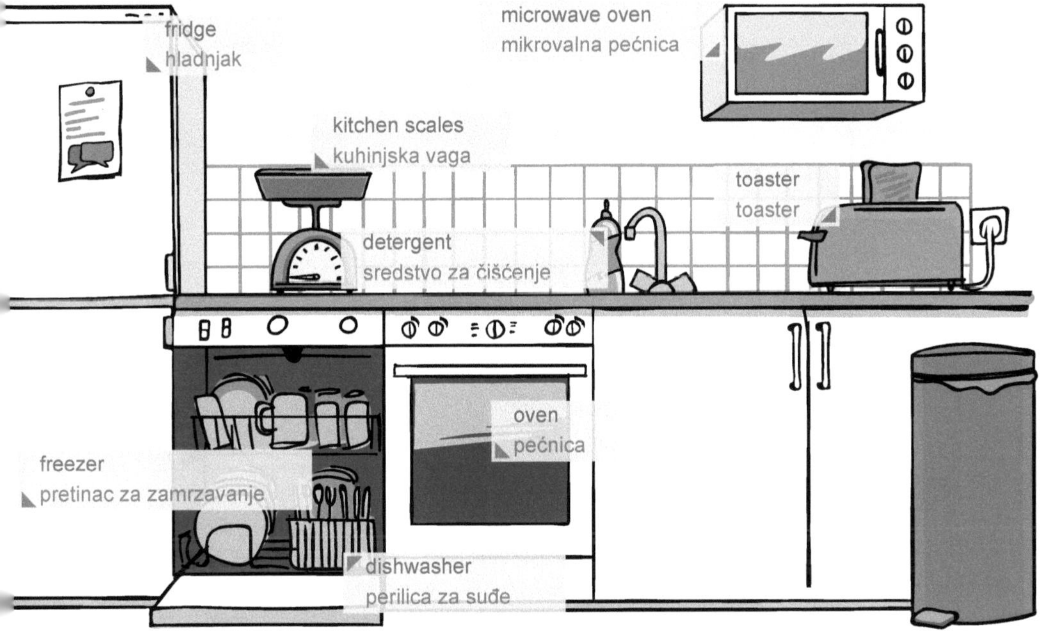

fridge
hladnjak
microwave oven
mikrovalna pećnica
kitchen scales
kuhinjska vaga
toaster
toaster
detergent
sredstvo za čišćenje
oven
pećnica
freezer
pretinac za zamrzavanje
dishwasher
perilica za suđe

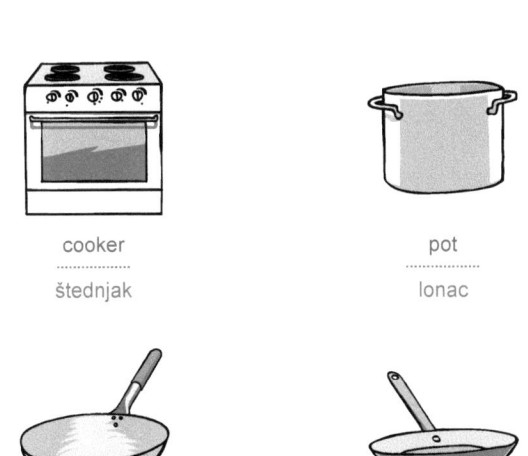

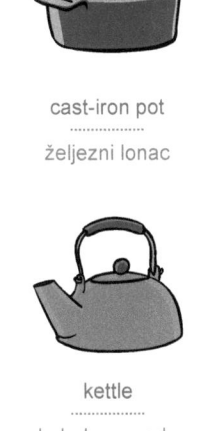

cooker
....
štednjak

pot
....
lonac

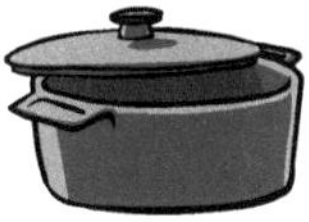

cast-iron pot
....
željezni lonac

wok / kadai
....
wok / kadai

pan
....
tava

kettle
....
kuhalo za vodu

steamer

kuhalo na paru

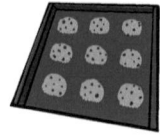

baking tray

lim za pečenje

crockery

posuđe

mug

čaša

bowl

zdjela

chopsticks

štapići za jelo

ladle

kutljača

spatula

lopatica

whisk

pjenjača

strainer

sito za kuhanje

sieve

sito

grater

ribež

mortar

mužar

barbecue

roštilj

open fire

ognjište

chopping board

daska

rolling pin

oklagija

corkscrew

vadičep

can

konzerva

can opener

otvarač konzervi

pot holder

krpa za lonac

sink

sudoper

brush

četka

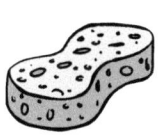

sponge

spužva

blender

mikser

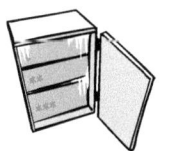

deep freezer

zamrzivač

baby bottle

bočica za bebe

tap

slavina za vodu

bathroom
kupaonica

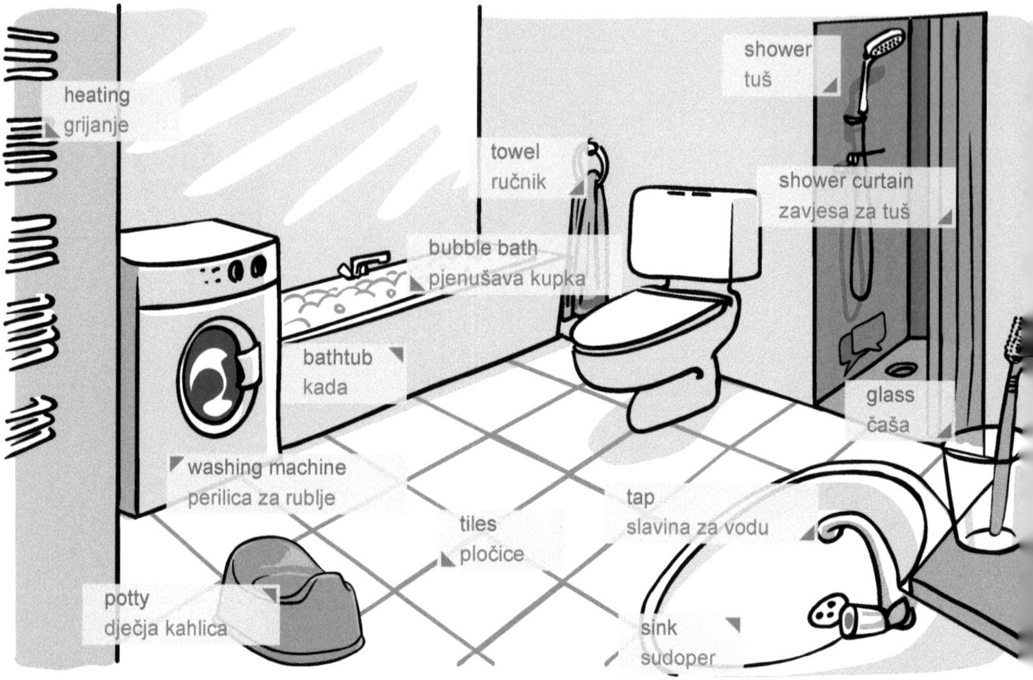

shower
tuš
heating
grijanje
towel
ručnik
shower curtain
zavjesa za tuš
bubble bath
pjenušava kupka
bathtub
kada
glass
čaša
washing machine
perilica za rublje
tap
slavina za vodu
tiles
pločice
potty
dječja kahlica
sink
sudoper

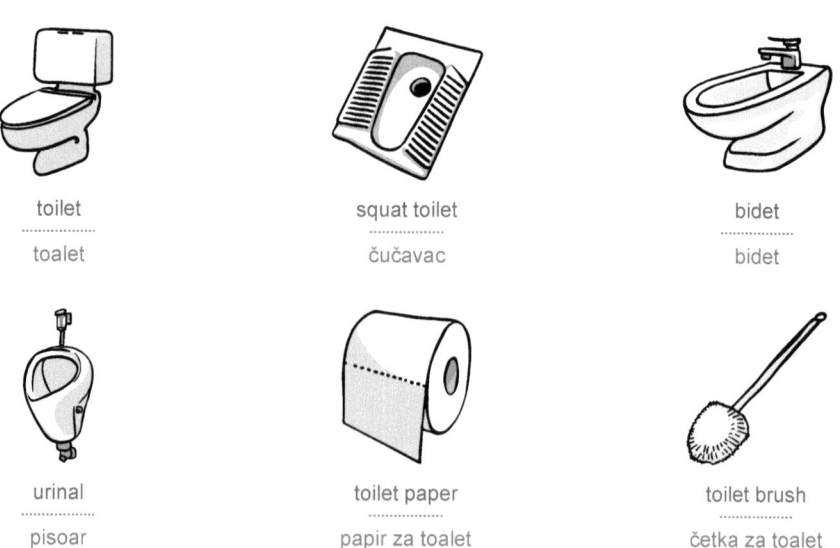

toilet

toalet

squat toilet

čučavac

bidet

bidet

urinal

pisoar

toilet paper

papir za toalet

toilet brush

četka za toalet

toothbrush

četkica za zube

toothpaste

pasta za zube

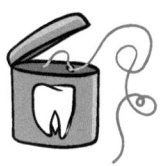

dental floss

konac za zube

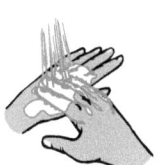

wash

prati

handheld shower

tuš ručica

douche

tuš za pranje intimnih dijelova

basin

lavor

back brush

četka za pranje leđa

soap

sapun

shower gel

gel za tuširanje

shampoo

šampon

flannel

krpa za pranje

drain

odvod

cream

krema

deodorant

dezodorans

mirror
ogledalo

hand mirror
kozmetičko ogledalo

razor
brijač

shaving foam
pjena za brijanje

aftershave
losion za poslije brijanja

comb
češalj

brush
četka

hair dryer
sušilo za kosu

hairspray
sprej za kosu

makeup
makeup

lipstick
ruž za usne

nail varnish
lak za nokte

cotton wool
vata

nail scissors
škare za nokte

perfume
parfem

washbag

neseser

stool

stolica

weighing scale

vaga

bathrobe

ogrtač

rubber gloves

rukavice za čišćenje

tampon

tampon

sanitary towel

uložak

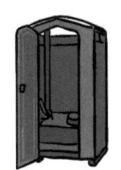

chemical toilet

kemijski toalet

child's room
dječija soba

alarm clock
budilnik
cuddly toy
plišana igračka
toy car
auto igračka
rattle
zvečka
doll's house
kućica za lutke
present
poklon

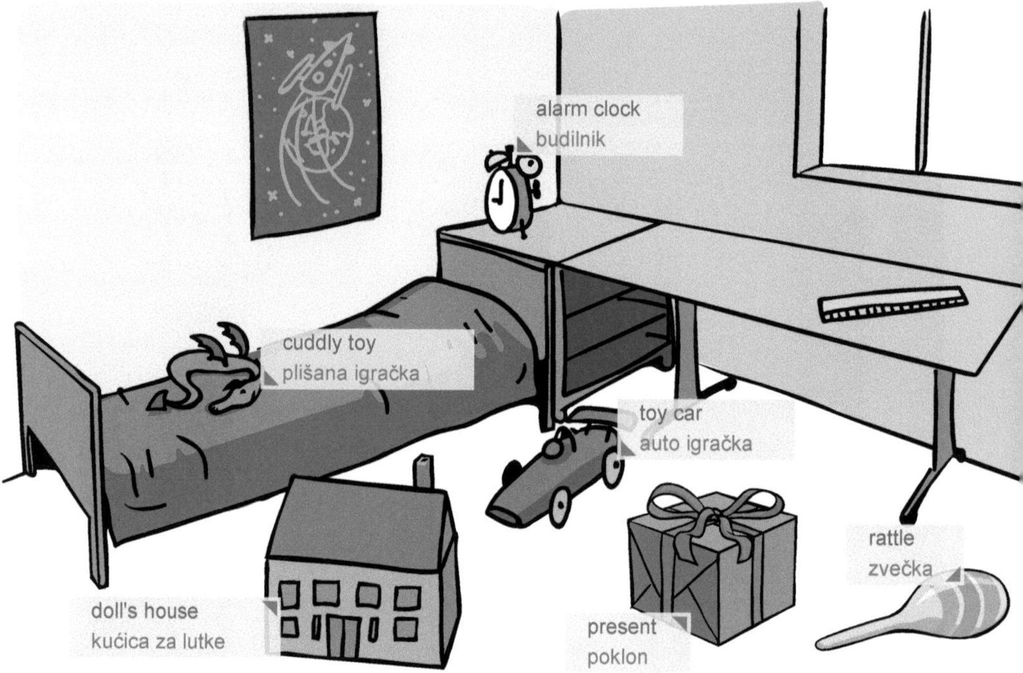

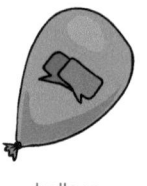

balloon

balon

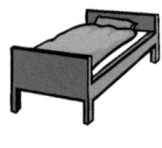

bed

krevet

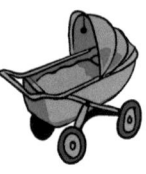

pram

dječija kolica

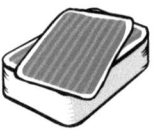

deck of cards

igra s kartama

jigsaw

slagalica

SUPER
MEGA

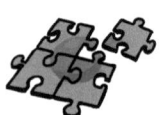

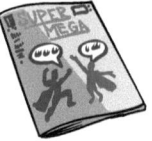

comic

strip

lego bricks

lego kockice

building blocks

kockice za slaganje

action figure

akcioni junak

babygrow

kombinezon za bebe

frisbee

frizbi

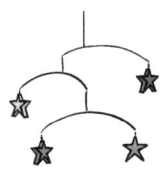

mobile

viseće igračke

board game

društvene igre

dice

kocka

model train set

minijaturna željeznica

dummy

duda

party

tulum

picture book

slikovnica

ball

lopta

doll

lutka

play

igrati

sandpit

pješčanik

swing

ljuljačka

toys

igračka

video game console

konzola za igre

tricycle

tricikl

teddy bear

plišani medo

wardrobe

ormar

clothing

odjeća

socks

kratke čarape

stockings

čarape

tights

hulahopke

scarf
šal

umbrella
kišobran

t-shirt
t-shirt

belt
kaiš

boots
čizme

slippers
papuče

trainers
patike

sandals
sandale

shoes
cipele

rubber boots
gumene čizme

underpants
gaćice

bra
grudnjak

vest
potkošulja

body

bodi

trousers

hlače

jeans

džins

skirt

haljina

blouse

bluza

shirt

košulja

pullover

džemper

hoodie

pulover s kapuljačom

blazer

blejzer

jacket

jakna

coat

kaput

raincoat

kabanica

costume

kostim

dress

haljina

wedding dress

vjenčanica

suit

odijelo

nightgown

spavaćica

pyjamas

pidžama

sari

sari

headscarf

rubac

turban

turban

burqa

burka

kaftan

kaftan

abaya

abaja

swimsuit

kupaći kostim

trunks

kupaće gaćice

shorts

kratke hlače

tracksuit

odjeća za trening

apron

pregača

gloves

rukavice

button

gumb

glasses

naočale

bracelet

narukvica

necklace

ogrlica

ring

prsten

earring

naušnica

cap

kapa

coat hanger

vješalica

hat

šešir

tie

kravata

zip

patent zatvarač

helmet

kaciga

braces

naramenice

school uniform

školska uniforma

uniform

uniforma

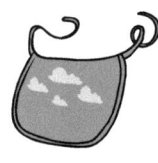

bib

podbradak

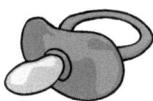

dummy

duda

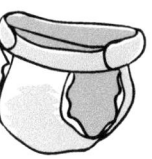

nappy

pelena

office
ured

server
server
filing cabinet
ormar za spise
paper
papir
printer
pisač
monitor
monitor
mouse
miš
desk
pisaći stol
folder
mapa
keyboard
tipkovnica
chair
stolica
waste-paper basket
košara za papir
computer
računar

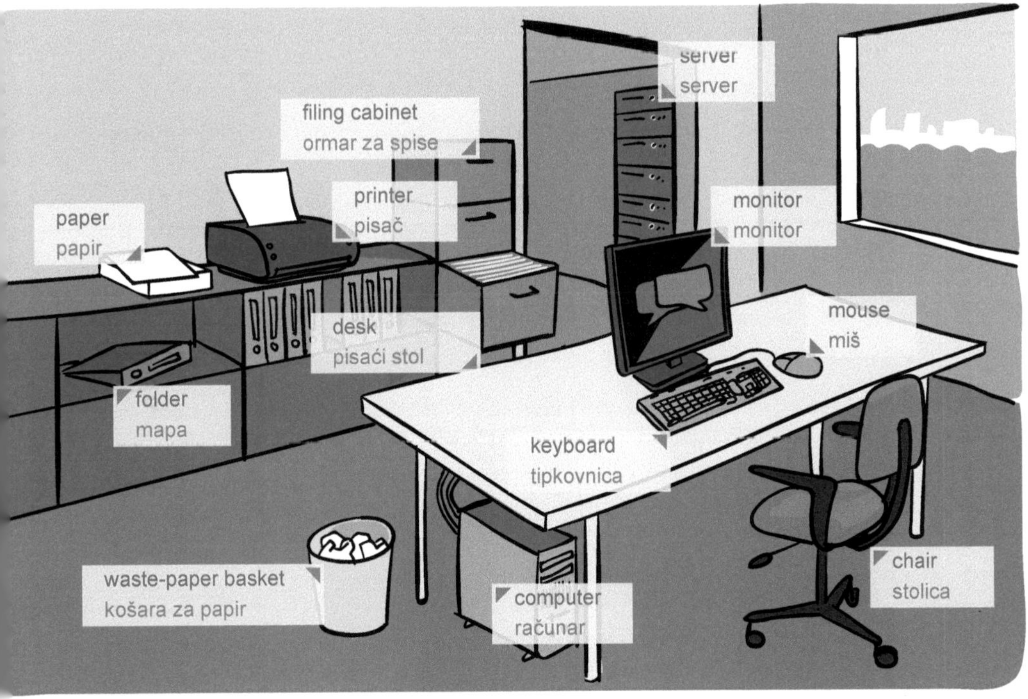

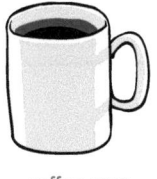

coffee mug

šalica za kavu

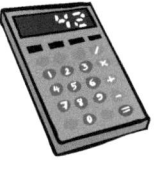

calculator

kalkulator

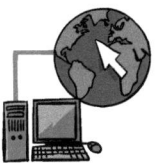

internet

internet

laptop

laptop

letter

pismo

message

poruka

mobile

mobilni telefon

network

mreža

photocopier

uređaj za kopiranje

software

softver

telephone

telefon

plug socket

utičnica

fax machine

faks

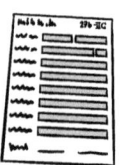

form

obrazac

document

dokument

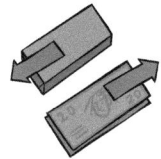

buy

kupovati

pay

platiti

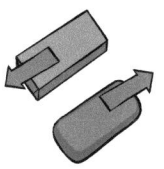

trade

trgovati

money

novac

dollar

dolar

euro

euro

yen

jen

rouble

rubalj

Swiss franc

švicarski franak

renminbi yuan

renmindbi yuan

rupee

rupija

cashpoint

automat za novac

bureau de change

mjenjačnica

gold

zlato

silver

srebro

oil

nafta

energy

energija

price

cijena

contract

ugovor

tax

porez

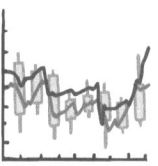

stock

dionica

work

raditi

employee

službenik

employer

poslodavac

factory

tvornica

shop

prodavaonica

occupations
zanimanja

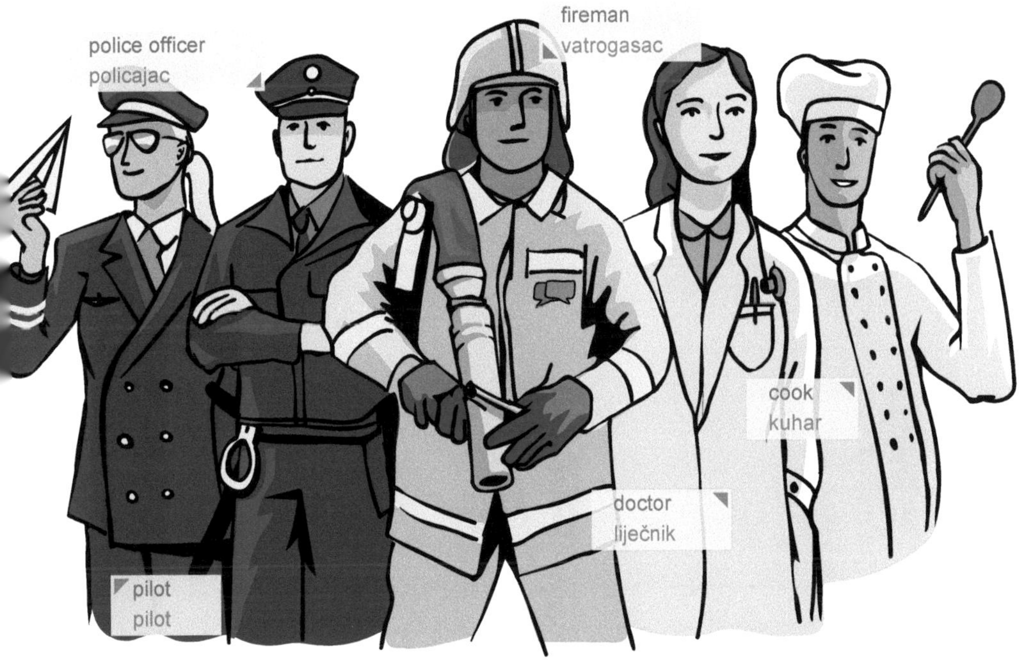

fireman
vatrogasac
police officer
policajac
cook
kuhar
doctor
liječnik
pilot
pilot

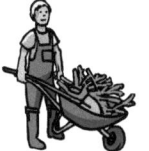

gardener

vrtlar

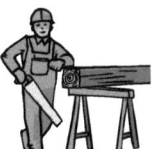

carpenter

stolar

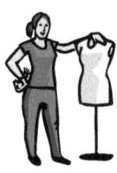

seamstress

krojačica

judge

sudija

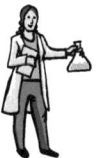

chemist

kemičar

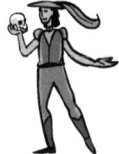

actor

glumac

bus driver

vozač autobusa

taxi driver

vozač taksija

fisherman

ribar

cleaning lady

čistačica

roofer

krovopokrivač

waiter

konobar

hunter

lovac

painter

slikar

baker

pekar

electrician

električar

builder

građevinski radnik

engineer

inženjer

butcher

mesar

plumber

limar

postman

poštar

soldier
vojnik

architect
arhitekta

cashier
blagajnik

florist
cvjećar

hairdresser
frizer

conductor
kondukter

mechanic
mehaničar

captain
kapetan

dentist
zubar

scientist
znanstvenik

rabbi
rabi

imam
imam

monk
monah

clergyman
svećenik

tools
alati

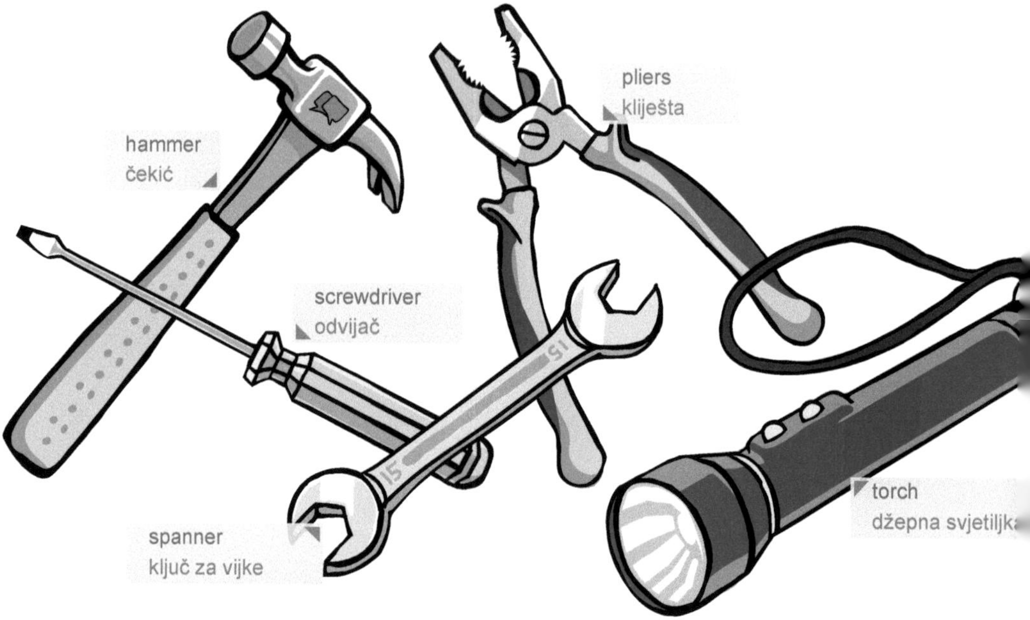
hammer
čekić
pliers
kliješta
screwdriver
odvijač
spanner
ključ za vijke
torch
džepna svjetiljk

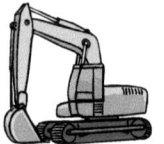

digger
rovokopač

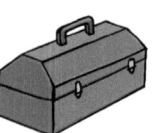

toolbox
kutija za alat

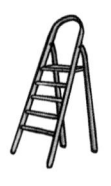

ladder
ljestve

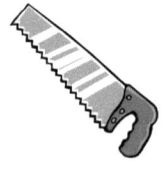

saw
pila

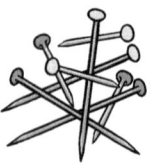

nails
ekser

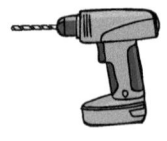

drill
bušilica

repair
popraviti

shovel
lopata

Damn!
Sranje!

dustpan
lopatica

paint pot
lonac za boju

screws
vijci

musical instruments
glazbeni instrument

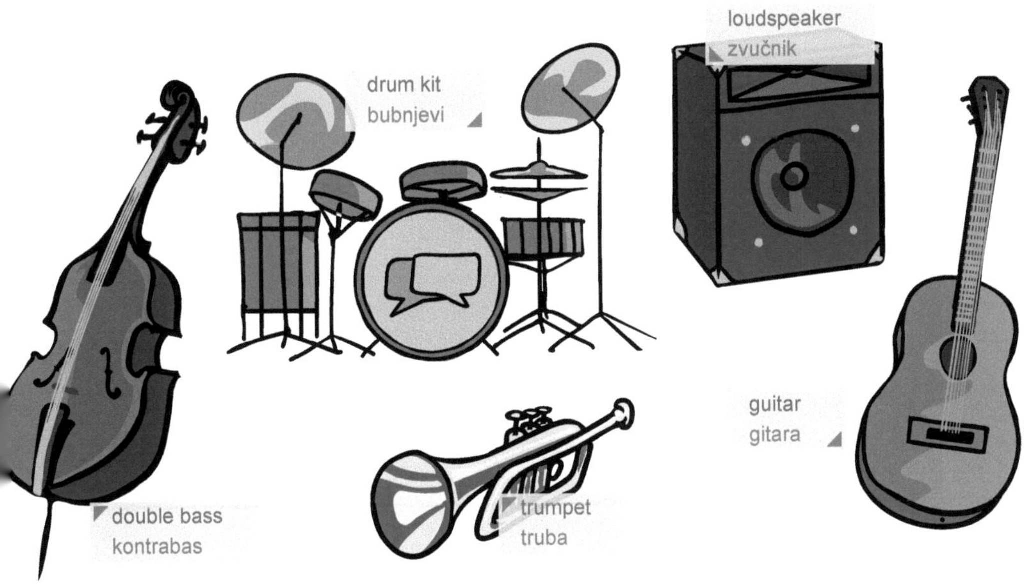

drum kit
bubnjevi

loudspeaker
zvučnik

guitar
gitara

double bass
kontrabas

trumpet
truba

piano

klavir

violin

violina

bass

bas

timpani

timpani

drums

udaraljke za bubnjeve

keyboard

keyboard

saxophone

saksofon

flute

flauta

microphone

mikrofon

zoo

zoološki vrt

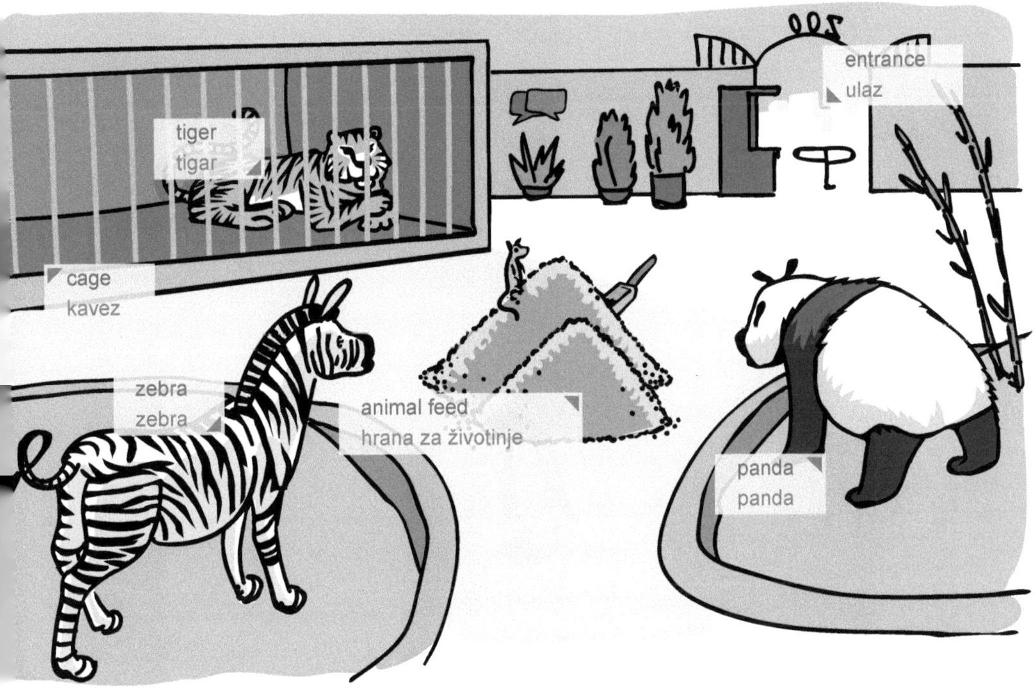

tiger
tigar
entrance
ulaz
cage
kavez
zebra
zebra
animal feed
hrana za životinje
panda
panda

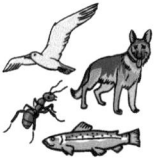

animals
životinje

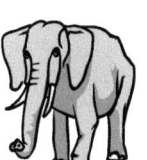

elephant
slon

kangaroo
kengur

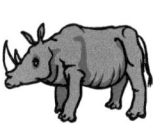

rhino
nosorog

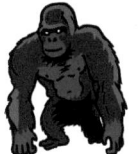

gorilla
gorila

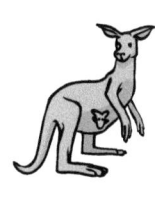

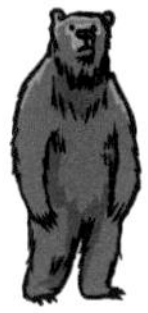

bear
medvjed

camel

kamila

ostrich

noj

lion

lav

monkey

majmun

flamingo

flamingo

parrot

papagaj

polar bear

polarni medvjed

penguin

pingvin

shark

ajkula

peacock

paun

snake

zmija

crocodile

krokodil

zookeeper

čuvar u zoološkom vrtu

seal

tuljan

jaguar

jaguar

pony

poni

leopard

leopard

hippo

nilski konj

giraffe

žirafa

eagle

orao

boar

divlja svinja

fish

riba

turtle

kornjača

walrus

morž

fox

lisica

gazelle

gazela

zoo - zoološki vrt

American football
američki nogomet

cycling
biciklizam

tennis
tenis

basketball
košarka

swimming
plivanje

boxing
boks

ice hockey
hockey na ledu

football
nogomet

badminton
badminton

athletics
atletika

handball
rukomet

skiing
skijanje

polo
polo

laugh
smijati se

jump
skočiti

hug
zagrliti

walk
ići

sing
pjevati

dream
sanjati

pray
moliti se

kiss
poljubiti

write
pisati

draw
crtati

show
pokazati

push
gurati

give
dati

take
uzeti

have

imati

do

činiti

be

biti

stand

stojati

run

trčati

pull

povlačiti

throw

baciti

fall

padati

lie

ležati

wait

čekati

carry

nositi

sit

sjediti

get dressed

oblačiti

sleep

spavati

wake up

probuditi se

look at

gledati

cry

plakati

stroke

milovati

comb

češljati

talk

govoriti

understand

razumjeti

ask

pitati

listen

slušati

drink

piti

eat

jesti

tidy up

pospremiti

love

voljeti

cook

kuhati

drive

voziti

fly

letjeti

activities - aktivnosti

sail

ploviti

calculate

računati

read

čitati

learn

učiti

work

raditi

marry

vjenčati se

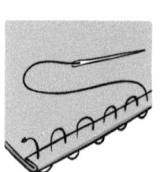

sew

šiti

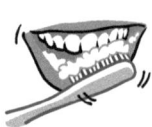

brush teeth

prati zube

kill

ubiti

smoke

pušiti

send

poslati

grandmother
baka

grandfather
djed

father
otac

mother
majka

baby
beba

daughter
kćerka

son
sin

guest

gost

aunt

tetka

uncle

ujak, stric

brother

brat

sister

sestra

body

tijelo

forehead
čelo
eye
oko
face
lice
chin
brada
breast
grudi
finger
prst
hand
ruka
arm
ruka
shoulder
rame
leg
noga

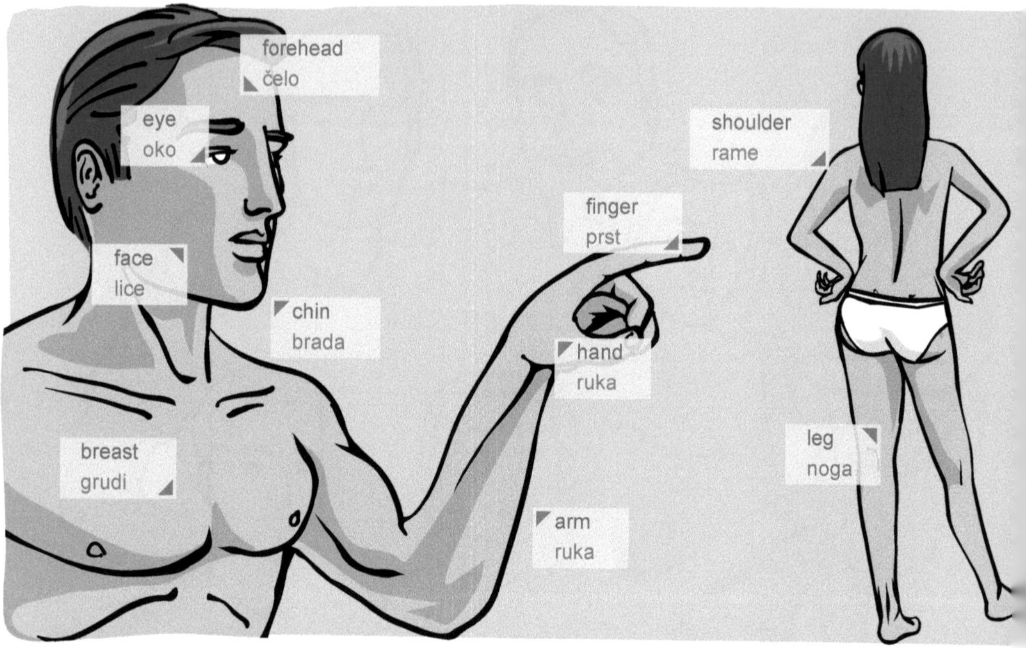

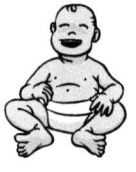

baby

beba

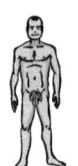

man

muškarac

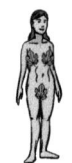

woman

žena

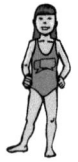

girl

djevojčica

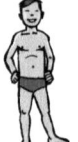

boy

dječak

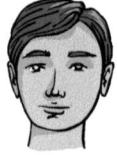

head

glava

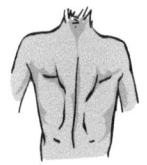

back

leđa

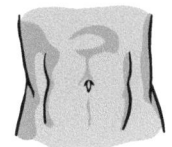

belly

trbuh

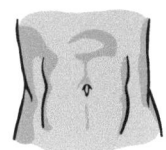

belly button

pupak

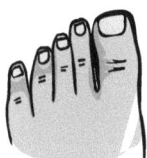

toe

nožni prst

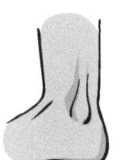

heel

peta

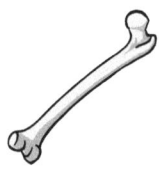

bone

kost

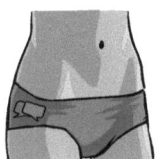

hip

kuk

knee

koljeno

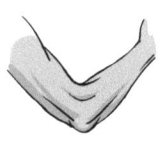

elbow

lakat

nose

nos

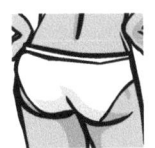

bottom

stražnjica

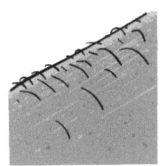

skin

koža

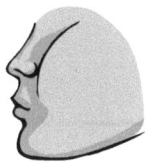

cheek

obraz

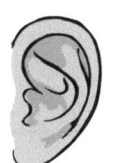

ear

uho

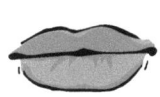

lip

usna

body - tijelo

mouth

usta

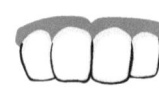

tooth

zub

tongue

jezik

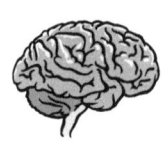

brain

mozak

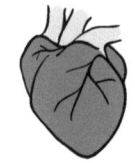

heart

srce

muscle

mišić

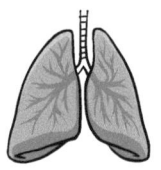

lung

pluća

liver

jetra

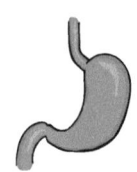

stomach

želudac

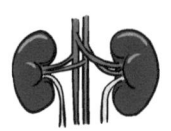

kidneys

bubrezi

sex

snošaj

condom

kondom

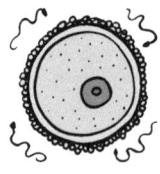

ovum

jajna stanica

semen

sperma

pregnancy

trudnoća

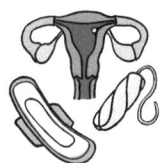

menstruation

menstruacija

vagina

vagina

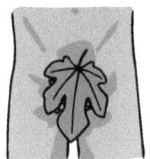

penis

penis

eyebrow

obrva

hair

kosa

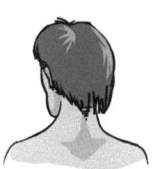

neck

vrat

hospital
bolnica

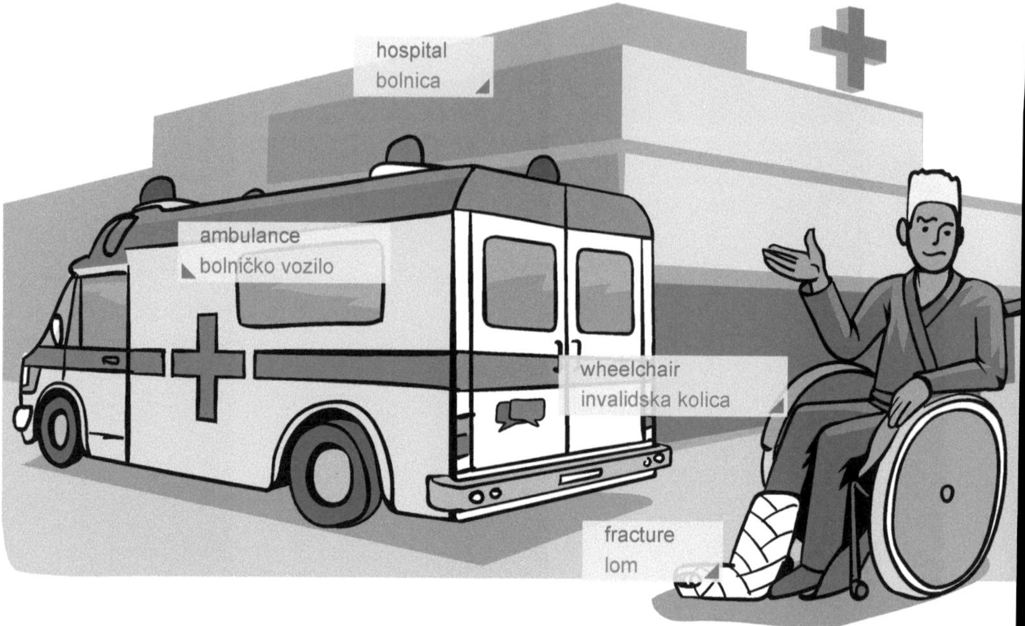

hospital
bolnica
ambulance
bolničko vozilo
wheelchair
invalidska kolica
fracture
lom

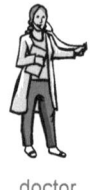

doctor

liječnik

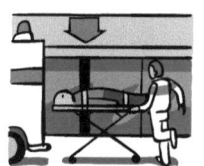

emergency room

hitna medicinska služba

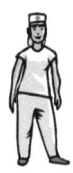

nurse

medicinska sestra

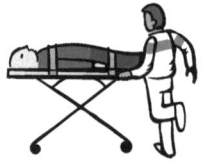

emergency

hitni slučaj

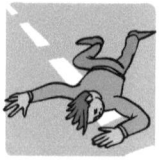

unconscious

nesvijest

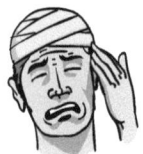

pain

bol

injury

ozljeda

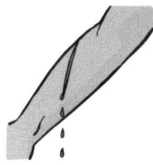

bleeding

krvarenje

heart attack

srćani infarkt

stroke

moždani udar

allergy

alergija

cough

kašalj

fever

groznica

flu

gripa

diarrhoea

proljev

headache

glavobolja

cancer

rak

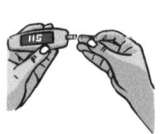

diabetes

dijabetes

surgeon

kirurg

scalpel

skalpel

operation

operacija

CT

ct

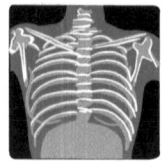

x-ray

rentgen

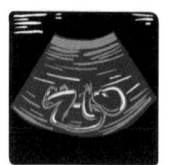

ultrasound

ultrazvuk

face mask

maska

disease

bolest

waiting room

čekaonica

crutch

štaka

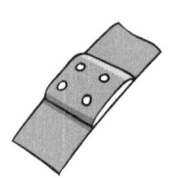

plaster

flaster

bandage

zavoj

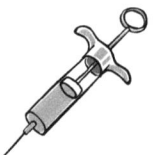

injection

injekcija

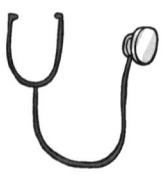

stethoscope

stetoskop

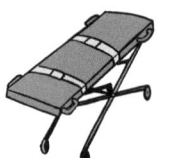

stretcher

nosilo

clinical thermometer

termometar

birth

rođenje

overweight

prekomjerna težina

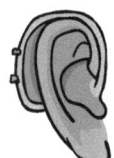

hearing aid
....
slušni aparat

disinfectant
....
sredstvo za dezinfekciju

infection
....
infekcija

virus
....
virus

HIV / AIDS
....
hiv / sida

medicine
....
medicina

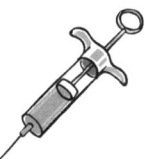

vaccination
....
vakcinacija

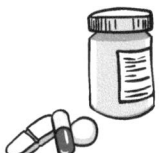

tablets
....
tablete

pill
....
pilula

emergency call
....
poziv u pomoć

blood pressure monitor
....
uređaj za mjerenje tlaka

ill / healthy
....
bolesno / zdravo

hospital - bolnica

Help!

pomoć!

alarm

alarm

assault

nasrtaj

attack

napad

danger

opasnost

emergency exit

izlaz za nuždu

Fire!

požar!

fire extinguisher

vatrogasni aparat

accident

nezgoda

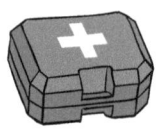

first-aid kit

kofer prve pomoći

SOS

sos

police

policija

Europe

Europa

North America

sjeverna amerika

South America

južna amerika

Africa

Afrika

Asia

Azija

Australia

Australija

Atlantic

Atlantik

Pacific

Pacifik

Indian Ocean

ocean

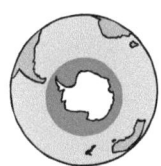

Antarctic Ocean

antarktički ocean

Arctic Ocean

arktički ocean

North Pole

sjeverni pol

South Pole
južni pol

Antarctica
Antarktik

Earth
zemlja

land
zemlja

sea
more

island
otok

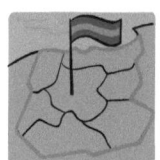

nation
nacija

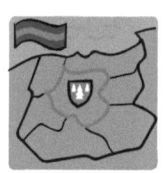

state
država

clock face

brojčanik sata

hour hand

satna kazaljka

minute hand

minutna kazaljka

second hand

sekundna kazaljka

What time is it?

Koliko je sati?

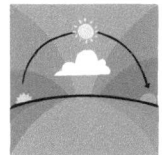

day

dan

time

vrijeme

now

sada

digital watch

digitalni sat

minute

minuta

hour

sat

Monday
ponedjeljak

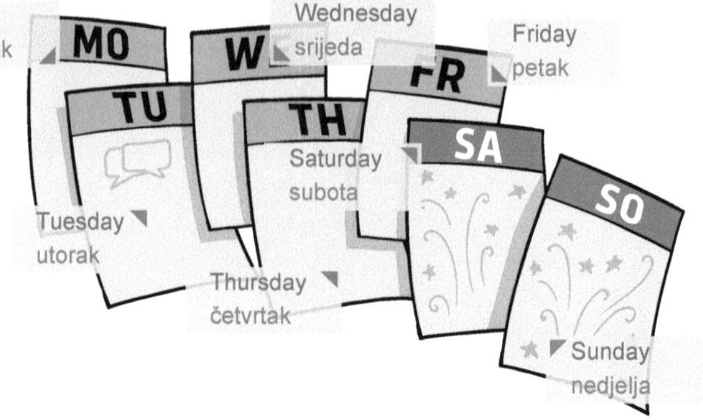

MO

W Wednesday
srijeda

TU

TH

Friday
petak

FR

SA

Saturday
subota

Tuesday
utorak

Thursday
četvrtak

SO

Sunday
nedjelja

yesterday
....
jučer

today
....
danas

tomorrow
....
sutra

morning
....
jutro

noon
....
podne

evening
....
večer

MO	TU	WE	TH	FR	SA	SU
1	2	3	4	5	6	7
8	9	10	11	12	13	14
15	16	17	18	19	20	21
22	23	24	25	26	27	28
29	30	31	1	2	3	4

business days
....
radni dani

MO	TU	WE	TH	FR	SA	SU
1	2	3	4	5	6	7
8	9	10	11	12	13	14
15	16	17	18	19	20	21
22	23	24	25	26	27	28
29	30	31	1	2	3	4

weekend
....
vikend

year
godina

rain
kiša
spring
proljeće
summer
ljeto
wind
vjetar
autumn
jesen
snow
snijeg
winter
zima

4.APRIL 11°
5.APRIL 4°
6.APRIL 13°
7.APRIL 8°
8.APRIL 10°

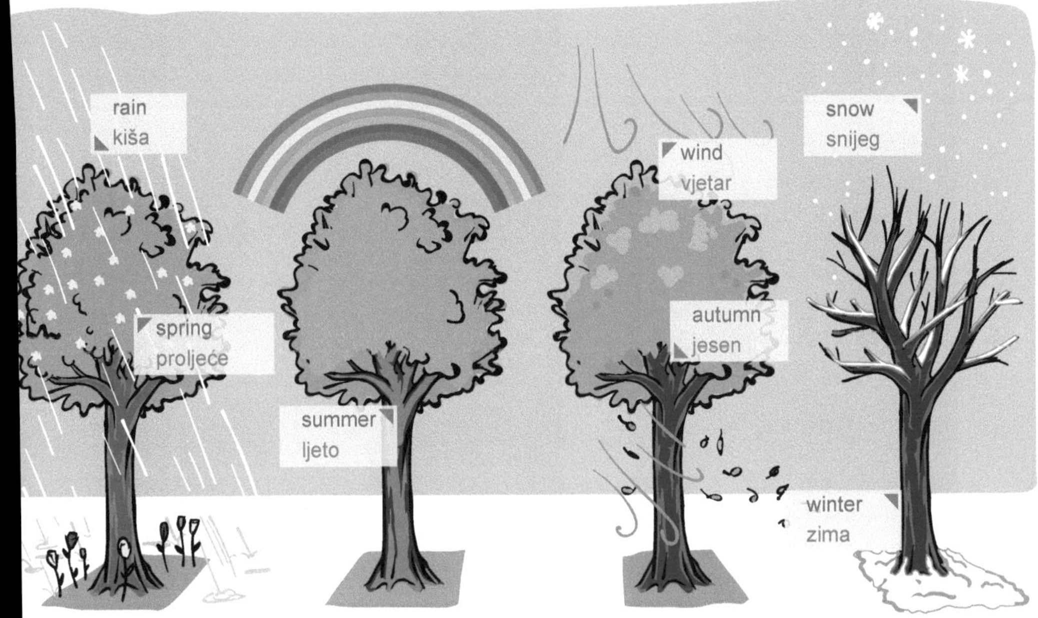

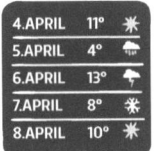

weather forecast

meteorološka prognoza

F
120
90
60
30
0
-30
C
40
30
20
10
0
-10
-20

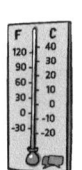

thermometer

termometar

sunshine

sunčana svjetlost

cloud

oblak

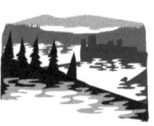

fog

magla

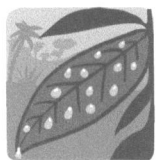

humidity

vlažnost zraka

lightning

munja

thunder

grmljavina

storm

oluja

hail

tuča

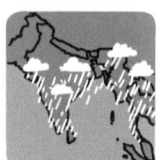

monsoon

monsun

flood

poplava

ice

led

January

siječanj

February

veljača

March

ožujak

April

travanj

May

svibanj

June

lipanj

July

srpanj

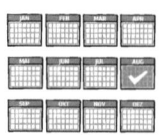

August

kolovoz

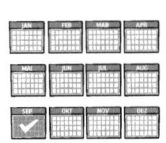

September
rujan

October
listopad

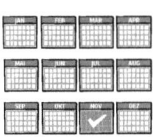

November
studeni

December
prosinac

shapes
oblici

circle
krug

square
kvadrat

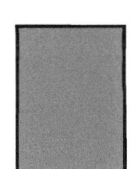

rectangle
pravokutnik

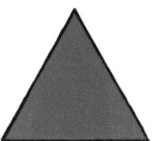

triangle
trokut

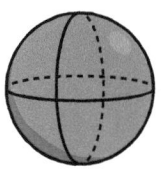

sphere
kugla

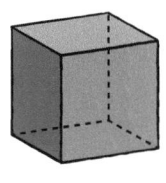

cube
kocka

white
....
bijela

yellow
....
žuta

orange
....
narančasta

pink
....
ružičasta

red
....
crvena

purple
....
ljubičasta

blue
....
plava

green
....
zelena

brown
....
smeđa

grey
....
siva

black
....
crna

a lot / a little

mnogo / malo

angry / calm

ljutito / mirno

beautiful / ugly

lijepo / ružno

beginning / end

početak / kraj

big / small

veliko / maleno

bright / dark

svijetlo / tamno

brother / sister

brat / sestra

clean / dirty

čisto / prljavo

complete / incomplete

potpuno / nepotpuno

day / night

dan / noć

dead / alive

mrtvo / živo

wide / narrow

široko / usko

edible / inedible

jestivo / nejestivo

evil / kind

zlo / dobro

excited / bored

uzbuđeno / dosadno

fat / thin

debelo / mršavo

first / last

na početku / na kraju

friend / enemy

prijatelj / neprijatelj

full / empty

puno / prazno

hard / soft

tvrdo / mekano

heavy / light

teško / lagano

hunger / thirst

glad / žeđ

ill / healthy

bolesno / zdravo

illegal / legal

ilegalno / legalno

intelligent / stupid

pametno / glupo

left / right

lijevo / desno

near / far

blizu / daleko

new / used

novo / rabljeno

nothing / something

ništa / nešto

old / young

staro / mlado

on / off

uključeno / isključeno

open / closed

otvoreno / zatvoreno

quiet / loud

tiho / glasno

rich / poor

bogato / siromašno

right / wrong

točno / pogrešno

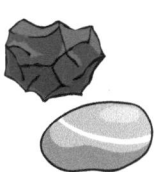

rough / smooth

hrapavo / glatko

sad / happy

tužno / sretno

short / long

kratko / dugo

slow / fast

polako / brzo

wet / dry

mokro / suho

warm / cool

toplo / hladno

war / peace

rat / mir

0	**1**	**2**
zero	one	two
nula	jedan	dva

3	**4**	**5**
three	four	five
tri	četiri	pet

6	**7**	**8**
six	seven	eight
šest	sedam	osam

9	**10**	**11**
nine	ten	eleven
devet	deset	jedanaest

12

twelve
dvanaest

13

thirteen
trinaest

14

fourteen
četrnaest

15

fifteen
petnaest

16

sixteen
šestnaest

17

seventeen
sedamnaest

18

eighteen
osamnaest

19

nineteen
devetnaest

20

twenty
dvadeset

100

hundred
stotinu

1.000

thousand
tisuću

1.000.000

million
milijun

English

engleski

American English

američko engleski

Chinese Mandarin

kinesko mandarinski

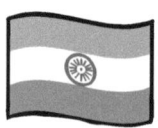

Hindi

hindi

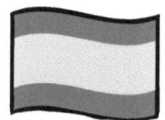

Spanish

španjolski

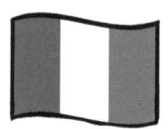

French

francuski

Arabic

arapski

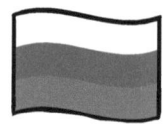

Russian

ruski

Portuguese

portugalski

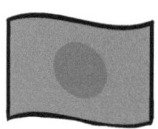

Bengali

bengalski

German

njemački

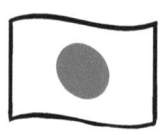

Japanese

japanski

I
ja

you
ti

he / she / it
on / ona / ono

we
mi

you
vi

they
oni

who?
tko?

what?
što?

how?
kako?

where?
gdje?

when?
kada?

name
ime

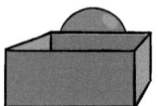

behind

iza

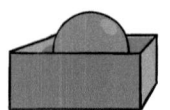

in

u

in front of

ispred

over

preko

on

na

under

ispod

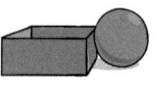

beside

pored

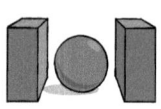

between

između

place

mjesto